LE BARREAU ESPAGNOL

PAR

René BOUDARD & Pierre ROY

Avocats à la Cour d'Appel de Paris

PRIX : 2 FRANCS

1900

Imp. Eugène Lemasson, 2, Cité Fénelon

PARIS

LE BARREAU ESPAGNOL

PAR

René BOUDARD & Pierre ROY

Avocats à la Cour d'Appel de Paris

PRIX : **2** FRANCS

1900

Imp. EUGÈNE LEMASSON, 2, Cité Fénelon

PARIS

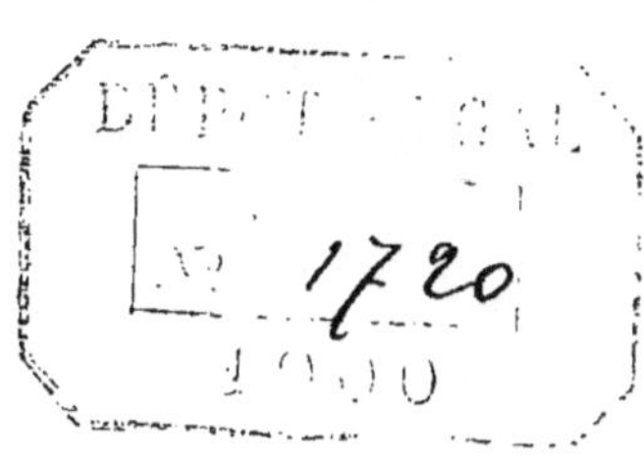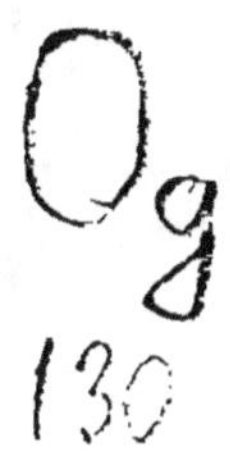

AVANT-PROPOS

La profession d'avocat, née du commerce même des hommes vivant en société, revêt, de ce chef, le double caractère de perpétuité et d'universalité: elle a toujours existé là où il y avait un embryon de civilisation, et on la retrouve chez tous les peuples, quelles que soient les différences de race qui les séparent. Mais elle subit aussi, forcément, l'influence des mœurs particulières à chaque contrée et à chaque époque : tantôt elle forme une caste fermée, aux règles étroites, aux coutumes anciennes; tantôt, c'est un métier comme un autre, ouvert à tous indifféremment, sans presque la nécessité d'études préalables, sans garanties de moralité et d'honorabilité; souvent même, dans un seul pays, elle est ballottée, par le cours des siècles, d'un de ces extrêmes à l'autre, survivant toujours et se renouvelant sans cesse.

C'est le tableau de ces différences et de ces variations que nous entreprenons d'esquisser ici.

En France, ces vicissitudes ont été rares : de plus, de nombreux et éminents travaux ont épuisé le sujet. Nous avons donc borné notre ambition à écrire de courtes monographies historiques des barreaux étrangers, espérant que nos confrères y prendraient quelque intérêt, et y trouveraient matière à de curieuses comparaisons. Enfin, nous avons pensé qu'il convenait d'étudier, tout d'abord, les pays qui, de même que la Gaule, ont subi la forte empreinte de la domination romaine, pour terminer par ceux qui tirent d'origines toutes différentes des conceptions juridiques assez éloignées des nôtres.

Le lecteur connaît maintenant l'idée qui nous a guidés ; il voit où nous voulons le conduire : s'il s'ennuie, il ne pourra pas, du moins, nous accuser de l'avoir pris en traîtres.

PREMIÈRE PARTIE

HISTORIQUE

La conquête romaine apporta avec elle en Espagne l'institution du barreau, qui subsista jusqu'à l'invasion des Wisigoths. Le barreau disparut alors du cadre des institutions juridiques espagnoles ; ce n'est pas qu'on n'en retrouve des traces dans le code des Wisigoths, qui tolérait l'assistance d'un défenseur, avec, toutefois, cette restriction égalitaire imposée aux riches de n'en pas prendre un dont la fortune excédât de beaucoup celle de l'adversaire. Il est facile de s'expliquer cette disparition du barreau : la simplicité de la loi permettait alors aux plaideurs de présenter eux-même leur défense en justice, sans qu'il leur fût nécessaire d'avoir recours à un avocat ; d'ailleurs, le chef de famille avait alors, le plus souvent, le droit et même le devoir de représenter les siens et de les défendre devant les tribunaux.

La loi le plus généralement en usage à cette époque, le *Fuero Juzgo*, impose aux plaideurs l'obligation de se présenter en personne devant les juges ; il était cependant permis au mari de plaider pour sa femme, au chef de famille d'assister ses serviteurs ; en outre, certains hauts dignitaires, et notamment les évêques, pouvaient se faire représenter en justice. Le *Fuero de Salamanque*, pour venir en aide à ceux qui ne sauraient se défendre eux-mêmes, impose aux [1] *alcades* l'obligation de pourvoir à leur défense : « Les alcades prendront la « parole pour les veuves, les orphelins « âgés de moins de quinze ans, et les « femmes non mariées, ou celles dont le « mari est infirme ou absent, » Cependant, dans certains vieux textes de lois castillanes est mentionnée l'assistance

---

[1] Magistrats municipaux, dont les fonctions participent à la fois de celles de nos maires, de nos juges de paix et de nos commissaires de police.

de défenseurs auprès des plaideurs. D'après le *Fuero de Molina*, les alcades devaient charger de braves et honnêtes gens de plaider pour ceux qui ne sauraient le faire, et, selon le fameux *Fuero de Cuenca*, celui qui ne pouvait se défendre en justice était autorisé à choisir lui-même quelqu'un qui le représentât, pourvu que ce ne fût ni un juge ni un alcade.

En somme, le défenseur ou avocat ne disparut jamais complètement des institutions juridiques espagnoles ; mais son rôle, plus toléré que reconnu, ne fut que purement occasionnel. C'est seulement au XIIIe, siècle, et sous le règne d'Alphonse X le Sage [1] que le barreau devait reparaître définitivement, avec le caractère d'une véritable insti-

---

[1] Alphonse X le Sage, roi de Castille et de Léon (1252-1284), un des princes les plus éclairés de son temps ; l'Espagne lui doit notamment la création de l'Université de Salamanque, et son premier recueil de loi : *Las siete Partidas*.

tution professionnelle soumise à des règles sévères.

A cette époque, le droit romain avait envahi les écoles, où il jouissait d'autant de vogue que la scolastique et la théologie. Ceux qui s'y adonnèrent plus spécialement furent très nombreux ; clercs ou laïques, ils se rendaient en foule aux audiences, les uns par intérêt, d'autres par curiosité, beaucoup pour avoir l'occasion de donner des preuves de leurs connaissances juridiques.

Ils finirent d'ailleurs par troubler le calme des Tribunaux ; intervenant à tout moment sans en être priés, ils conseillaient les plaideurs, interrompaient les plaidoiries, embrouillaient les affaires et prolongeaient indéfiniment les procès.

Le scandale devint si grand que le roi Alphonse X dut y mettre bon ordre. Par l'ordonnance de Valladolid, il rendit obligatoire l'assistance des avocats, désignés à cette époque sous le nom de *voceros*, mais décida que chaque plaideur devait n'en avoir qu'un seul. Les alcades reçurent l'ordre de se montrer très sévères, d'exclure ceux qui troubleraient les audiences en prenant inutilement la parole, et de les frapper au besoin d'une amende de dix maravédis.

En 1255 parut la loi connue dans l'histoire sous le nom de *Fuero real*, qui organisa définitivement la défense. Elle détermina les conditions à remplir pour exercer la profession d'avocat, dont furent exclus les hérétiques, les excommuniés, les sourds, les insensés, les mineurs et les clercs de l'ordre sacré, sauf, en ce qui concerne ces derniers, pour les affaires intéressant l'église. Le Fuero real indiquait les règles relatives à la nomination et à l'exercice de la profession d'avocat, lui interdisant notamment de soutenir, dans une même affaire, deux opinions différentes, et soumettant ses honoraires à un tarif qui ne lui permettait pas d'exiger pour prix de ses services plus du vingtième de la somme à laquelle s'élevait le litige.

Dans la collection des lois compilées vers la même époque et désignées sous le nom de *Las Partidas*, on trouve une énumération plus complète des devoirs des avocats ; la loi leur interdit d'exiger plus de cent maravédis pour honoraires, et ordonne la déchéance de ceux qui recourent au pacte *de quota litis*. Dans le même recueil, Alphonse le Sage interdit aux femmes d'exercer la profession d'avocat « *parce qu'il ne convient pas qu'elles exercent une profession d'homme, et parce que, dès qu'elles cessent d'être timides, il est très difficile de les écouter et de discuter avec elles.* [1] »

Las Partidas développent d'une façon

____

(1) Las Partidas 3e, tit. VII.

remarquable pour l'époque les principes
posés par le Fuero real, et complètent
avec beaucoup de précision l'organisation
du barreau ; le résultat, cependant, ne
répondit pas au but si louable et si élevé
que s'était proposé le roi Alphonse. Les
mêmes abus continuèrent, qui, déjà, avaient
soulevé le mécontentement général contre
les avocats ; ceux-ci, au lieu d'être les
loyaux et utiles auxiliaires de la justice,
ne cessaient d'en retarder le cours. Les
peuples de Castille et d'Estramadoure
demandèrent au roi de les autoriser à
garder leurs fueros ; le roi dut céder, et
l'intervention des avocats ne fut plus exi-
gée dans certaines provinces. En 1274,
les *Cortès de Zamora* manifestèrent réso-
lument contre la mauvaise administration
de la justice. Le roi Alphonse, voulant
calmer les esprits, dut rendre une ordonnance « pour abréger les procès, qui
« ne se terminent pas assez vite, ni comme
« ils devraient. » Devant les protestations

des Cortès[1], ses successeurs durent prendre de nouvelles mesures contre les avocats, dont les plaidoiries furent prohibées en Aragon et à Valence.

Les *rois catholiques*, si soucieux de la justice, « pour obvier à la malice et au « despotisme des avocats qui usaient mal « de leurs offices », prescrivirent[2] de sages mesures pour moraliser le barreau, qui en avait assurément grand besoin. Les avocats, pour être admis à exercer la profession, durent passer un examen devant les magistrats ; ils durent se faire inscrire sur un registre spécial, et les pactes *de quota litis* leur demeurèrent expressément interdits.

Un siècle après, alors que, de toute part, se formaient des corporations, alors que, d'une façon générale, on cherchait à se

---

(1) Medina del Campo (1328), Madrid (1329), Ségovie (1337).

(2) Ordonnance de Medina (1489), ordonnance sur les Avocats (1495).

grouper, la *congrégation des avocats* fut fondée sous le patronage de la Vierge et de Saint-Yves. Ses statuts furent approuvés en 1596, et, en 1617, parut un décret qui interdisait l'exercice de la profession aux avocats qui n'y seraient pas inscrits. La congrégation choisit pour résidence le couvent de la Compagnie de Jésus ; un père jésuite devait toujours assister aux élections du Conseil. Il n'y a certes pas lieu, vu l'esprit de l'époque, de s'étonner du caractère religieux qu'eut, à son origine, la congrégation des avocats ; l'ingérence des jésuites dans la direction du collège pourrait causer cependant quelque surprise, si elle ne faisait précisément comprendre comment le barreau devint un élément très influent de la société espagnole.

Les avocats, cependant, loin de devenir plus sympathiques, continuaient plus que jamais à provoquer le mécontentement général : « Le nombre des Avocats est

« si grand, disait, à la fin du 17ᵉ siècle,
« l'économiste *Manuel Alvarez Osorio*,
« que beaucoup d'entre eux sont en train
« de périr dans la misère; tous pour-
« raient vivre largement, si Sa Majesté
« daignait ordonner que personne ne
« pourra se faire inscrire comme avocat
« pendant une période de quinze ans.
« Grâce à cette mesure, les ressources de
« chacun augmenteraient tous les jours;
« les avocats seraient plus estimés, et les
« procès ne se prolongeraient plus jus-
« qu'à la ruine complète des plaideurs. »
Ce système ne fut pas adopté alors ; mais,
un siècle plus tard, l'*Académie royale de
droit* établie à Madrid sous le patronage
de *Notre-Dame del Carmen*, déclara qu'il
était de l'intérêt public de diminuer le
nombre des avocats. En 1794, le gouver-
nement, s'inspirant de ce principe,
réduisit, pour Madrid, leur nombre à deux
cents, et les soumit à une surveillance
très étroite. En 1798, une ordonnance

royale[1] ordonna que, dans toutes les villes où se trouvaient des Cours ou Tribunaux, il fût procédé à une semblable réduction, proportionnellement au nombre des habitants.

Ce système restrictif qui, peut-être par suite du manque de temps, échappa aux réformes des législateurs de Cadix, fut aboli lors du retour du régime représentatif.

Le 8 juin 1823, les Cortès donnèrent aux avocats la liberté d'exercer leur profession dans toute l'étendue du royaume, sans qu'il leur fût nécessaire de s'inscrire à aucun collège, et avec la seule obligation de présenter leurs titres à l'autorité locale. Cette mesure fut bientôt abrogée, et en 1832, une ordonnance royale, en même temps qu'elle proclama la liberté du droit d'inscription dans les collèges, décréta la création d'*Académies de pratique du Barreau.*

---

[1] Novisima Recopilacion. Art. 30, tit. 22, liv. 5.

Sous l'influence des idées libérales de l'époque, un décret royal du 20 juillet 1837 rétablit dans toute sa vigueur le décret des Cortès de 1823, qui eut, cette fois, une existence bien éphémère. Les statuts des collèges d'avocats, en effet, furent approuvés le 28 mai 1838 ; ils sont encore imparfaits, assurément, mais ils marquent cependant un progrès évident dans l'organisation et la discipline du barreau.

En 1841, les événements politiques firent reparaître le décret de 1823, qui disparut de nouveau en 1844 pour faire place de nouveau aux statuts de 1838.

On pense bien que tous ces changements de règlements, toutes ces décisions contradictoires n'étaient pas pour faire cesser les abus que nous avons signalés plus haut. Voici en quels termes s'exprime le *marquis de Gérona* dans le préambule du décret du 30 septembre 1853. « Les « procès causent aujourd'hui l'épouvante

« dans beaucoup de familles ; ils sont
« une source continuelle de scandales ;
« ils sont la mort de la justice même. Les
« abus auxquels ils donnent lieu étouffent
« la voix des plaideurs, rendent impo-
« pulaires nos Tribunaux, et finiraient
« par discréditer une des plus saintes
« institutions, si on n'y portait promp-
« tement remède. La source du véritable
« cancer qui ronge nos institutions
« judiciaires est dans les gaspillages
« ruineux, les désordres et les irrégula-
« rités de la représentation, machine de
« guerre braquée sur l'infortuné plaideur,
« jeu immoral du sort et du hasard, où
« la malice triomphe de la raison, l'astuce
« de la légalité, la fraude et la cupidité de
« la demande la plus juste.

La loi de procédure civile contribua
largement à améliorer une situation aussi
déplorable ; elle évita beaucoup d'abus
en taxant la procédure et en la soumettant
à des règles fixes.

Le système de 1814 resta en vigueur, sans donner lieu à aucune difficulté, jusqu'en 1857; à cette époque, des avocats appartenant à des districts judiciaires où n'existaient pas de collèges protestèrent contre l'habitude que l'on avait d'admettre des actes émanant d'avocats ne résidant pas dans le même district. Cette pratique, disaient-ils, leur causait un grave préju-dice, parce qu'ils avaient seuls la charge des affaires onéreuses, alors que les affaires lucratives pouvaient leur être enlevées.

L'ordonnance royale du 13 août 1858 ordonna en conséquence la stricte obser-vation de l'article 1er des statuts; mais les difficultés continuèrent, et, le 31 mars 1863, pour harmoniser la liberté de la profession avec la répartition équitable des charges collégiales, une ordonnance royale fut rendue, donnant aux avocats pouvoir d'exercer librement, et sur simple présentation des pièces établissant leur qualité, dans les villes où il n'y avait pas de collège, mais exigeant l'inscription préalable dans les villes dotées d'un collège. Dans le même ordre d'idées, une ordonnance royale du 11 janvier 1866, décida que l'obligation de la défense d'office devait s'étendre à tous les avocats exerçant la profession dans le district.

Après la révolution de 1868, l'organisation du barreau fut l'objet de réformes variées, apportées parfois par de simples décrets, mais édictées surtout dans le Code pénal de 1870, dans la loi organique du pouvoir judiciaire de la même année, dans la loi additionnelle de 1882, dans le Code de Procédure criminelle et le Code de Procédure civile modifié.

DEUXIÈME PARTIE

ORGANISATION ACTUELLE

I. CONDITIONS D'ADMISSION AU BARREAU

Pour exercer la profession d'avocat en Espagne, il suffit d'être citoyen espagnol, âgé de vingt-et-un ans, d'être licencié en droit et inscrit à un barreau dans les villes où il y en a un.

L'enseignement du droit est officiel en Espagne et se donne dans les universités royales ; l'assiduité aux cours n'est pas obligatoire. Les matières enseignées sont:

Résumé historique des transformations sociales et politiques des différents pays de l'Europe ;

Littérature espagnole et notions de bibliographie et de littérature juridique ;

Psychologie et notions d'ontologie et de chronologie ;

Economie politique, et statistique ;

Droit naturel ;

Histoire du droit espagnol ;

Droit romain ;

Droit civil espagnol commun et privilégié ;

Droit pénal et procédure criminelle ;

Droit commercial espagnol et comparé ;

Droit canon général et particulier ;

Droit public et administratif ;

Science financière ;

Droit international public ;

Droit international privé ;

Procédure civile, canonique et administrative ;

Pratique judiciaire.

Ces matières sont divisées en groupes ; au bout de chaque année scolaire, l'étudiant doit subir un examen portant sur les matières enseignées dans le cours de l'année. Ces études durent ordinairement cinq années ; avant d'aborder l'université, il faut avoir fait son baccalauréat, ce qui exige un laps de temps à peu près égal. Enfin, toutes ces études terminées, l'étudiant doit encore passer un dernier examen qui lui ouvrira la profession d'avocat.

Cet examen comprend deux parties, l'une orale, l'autre écrite. A l'oral le candidat aura à répondre aux questions des examinateurs, tous professeurs de la Faculté : les questions peuvent se rapporter indifféremment à toutes les matières énumérées plus haut. L'écrit comporte une composition dont le sujet est tiré au sort par le candidat : celui-ci a à sa disposition tous les textes et ouvrages juridiques qu'il veut.

Cet examen confère à l'étudiant le diplôme de *Licenciado en Derecho* qui lui suffit pour exercer la profession d'avocat. Mais il peut encore, s'il le désire, obtenir le diplôme de docteur en droit ; le licencié en droit doit alors faire des études complémentaires embrassant les matières suivantes :

Philosophie du droit ;

Histoire des traités ;

Législation comparée ;

Droit public ;

Histoire de l'Eglise.

Cette étude complémentaire peut se faire en un an ; elle est terminée par un examen ; mais ce n'est qu'après la soutenance d'une thèse sur un sujet choisi par le candidat que celui-ci est reçu docteur en droit.

Le jeune avocat espagnol n'est pas soumis à un stage ; dans la pratique, il fera le plus souvent son apprentissage dans les bureaux d'un ancien ; mais il peut se faire inscrire de suite.

Comme on l'a vu plus haut, des barreaux ont été institués dans chaque ville où siège une Cour d'appel ou un Tribunal de première instance : il suffit pour celà que les avocats soient plus de vingt.

II. TEXTES DES PRINCIPALES LOIS

qui régissent l'exercice de la profession d'Avocat

LOI ORGANIQUE DU 15 SEPTEMBRE 1870

TITRE XVI

De la police des Audiences dans les Cours et Tribunaux

Art. 656. — Quand, en matière criminelle, l'avocat nommé d'office négligera, sans motif sérieux, de se présenter, il sera puni disciplinairement.

TITRE XXI

Des Avocats et Avoués

CHAPITRE PREMIER

Dispositions communes aux Avocats et Avoués

Art. 855. — Les parties, dans les affaires civiles et pénales, seront représentées par des avoués et défendues par des avocats ; les uns et les autres doivent être autorisés à exercer devant les tribunaux où ils prêtent le concours de leur ministère.

Tout acte produit en justice doit porter la signature d'un avocat ou d'un avoué.

Art. 856. — L'article 855 n'est pas applicable :

1° Aux actes de juridiction gracieuse ;

2° Aux actes de conciliation ;

3° Aux causes qui se jugent verbalement ;

4° Aux litiges de minime importance ;

Art. 857. — Le paragraphe 2 de l'art. 855 n'est pas applicable aux écrits ayant pour objet d'assigner en justice, de prendre défaut, de sommer de communiquer les pièces, de solliciter une prorogation de terme, d'offrir une preuve, de demander une remise, de nommer des experts, etc.

Art. 858. — Malgré les dispositions de l'art. 856, les avoués et les avocats peuvent assister comme mandataires ou auxiliaires des intéressés, aux actes de conciliation, lorsque les parties les chargent spontanément de cette mission.

Toutefois, en cas où il y aura condamnation aux frais en faveur de la partie assistée de l'avoué ou de l'avocat, leurs honoraires ne seront pas compris dans les dépens.

ART. 859. — Dans les villes où il existe un tribunal territorial ou provincial, il y aura un collège d'avocats et un autre d'avoués; leur but principal sera la répartition équitable des charges entre ceux qui exercent devant les tribunaux établis dans la localité, le bon ordre des corporations, le respect, la fraternité et la discipline entre confrères.

ART. 860. — On peut aussi établir des collèges d'avocats et d'avoués dans les villes où il n'y a pas de tribunaux provinciaux ou territoriaux, pourvu qu'il y réside au moins vingt avocats pratiquant la profession.

ART. 861. — Pour l'application de cette disposition, doivent être considérés comme résidant dans la ville, ceux qui demeurent et exercent dans un rayon de deux lieues, pourvu toutefois qu'ils s'engagent à supporter, avec leurs confrères, les charges de la profession.

Cette règle ne s'étend pas aux avoués dont la résidence doit être nécessairement dans la ville où est établi le collège.

ART. 862. — Le nombre de ceux qui composent les collèges est illimité ; tous ceux qui y sollicitent leur admission doivent y être reçus, du moment qu'ils ont la capacité légale [1] pour exercer la profession.

ART. 863. — Les statuts des collèges d'avoués et d'avocats établiront leur organisation, leur administration, les conditions d'admission, les droits et les devoirs des affiliés vis-à-vis de la corporation et des tribunaux, les peines disciplinaires qu'ils peuvent encourir pour les fautes légères dont le jugement n'est pas de la compétence des Cours et Tribunaux.

ART. 864. — Nul ne peut exercer

---

[1] Voir page 24 les conditions requises pour être admis à l'exercice du barreau.

simultanément les professions d'avocat et d'avoué.

Celui qui, étant dans l'exercice de l'une de ces professions, opte pour l'autre, est immédiatement rayé de la liste des membres du collège auquel il appartient.

ART. 865. — Dans les villes où il existe des collèges d'avocats ou d'avoués, ceux-là seuls peuvent exercer leur profession, qui sont affiliés aux collèges, et ont leur cabinet dans la ville.

Ceux qui ne remplissent pas les conditions exigées pour être avoués ou avocats, ne peuvent obtenir leur inscription dans les collèges.

ART. 866. — Les avocats et avoués sont obligés d'assister gratuitement les indigents ; ils observeront, pour assurer l'égalité des charges, les règles établies dans cette loi.

ART. 867. — Les conseils des collèges d'avoués et d'avocats fixeront les règles qu'ils estimeront les plus équitables pour la répartition aussi égale que possible des causes des indigents.

Les doyens des collèges feront les désignations conformément à ces règles.

ART. 868. — Dans les villes où il existe des Tribunaux de première instance et où il n'existe pas de collège d'avocats, le secrétaire du tribunal répartira, les causes gratuites entre les avocats, aussi également que possible et sous le contrôle du juge le plus récemment nommé. On pourra en appeler de cette répartition au Tribunal de première instance, qui statuera sur le champ et sans appel.

ART. 869. — Dans la ville où il n'y a pas de collèges d'avocats ou d'avoués, les avocats devront, pour exercer la profession :

1° Remplir les conditions de capacité exigées par cette loi.

2° Être domiciliés, les avocats dans la ville où se trouve leur cabinet, les avoués dans la ville où siège le tribunal.

3° Se faire inscrire au tableau.

4° Payer la patente.

ART. 870. — Avant d'entrer en fonctions, les avoués et avocats jureront de rester fidèles à la Constitution et au Roi et de remplir loyalement toutes les obligations que les lois et règlements leur imposent.

ART. 871. — Le serment prescrit à l'article précédent sera prêté :

A Madrid, devant la Cour Suprême ; dans les villes où siègent des Cours d'appel devant le Tribunal de première instance ; à défaut de Tribunal, devant le Juge d'instruction ; à défaut de Juge d'instruction, devant le Juge municipal.

ART. 872. — Les avocats et avoués sont soumis, dans les termes de la loi, à la juridiction disciplinaire des tribunaux.

CHAPITRE II.
des Avoctas en exercices

ART. 873. — Pour exercer le barreau, il faut :

1° Avoir vingt-et-un ans accomplis ;
2° Être licencié en droit civil ;
3° Ne pas avoir été poursuivi criminellement :

4º N'avoir subi aucune condamnation infamante, à moins qu'on n'ait obtenu sa réhabilitation.

ART. 874. — Ne peuvent exercer le barreau :

1º Les magistrats, à l'exception des magistrats municipaux.

2º Ceux qui remplissent un emploi au Ministère de la Justice et des grâces, ou à la section d'Etat, de la Justice et des grâces au Conseil d'Etat.

3º Les auxiliaires et employés des Tribunaux.

ART. 875. — Malgré les dispositions des articles 865 et 869, les licenciés en droit qui ne sont pas inscrits dans les collèges et n'ont pas de cabinet, pourront, s'ils réunissent les conditions déterminées par l'article 873, exercer la profession d'avocat lorsqu'il s'agit de leurs propres affaires civiles ou criminelles, ou de celles de leurs parents, jusques et y compris le quatrième degré de consanguinité et le deuxième degré d'affinité.

Dans ce cas, ils sont habilités par le

doyen du Collège d'avocats, et, s'il n'y a pas de collège, par le juge municipal ou le Tribunal devant lequel ils doivent exercer.

Art. 876. — Les avocats appartenant au collège d'une ville où siège un Tribunal provincial ou territorial peuvent exercer devant les chambres ordinaires et extraordinaires de ces tribunaux, quelle que soit la ville dans laquelle ils désirent exercer.

Art. 877. — Les avocats auxquels imcombe la défense des indigents ne peuvent s'en dispenser sans un motif sérieux, qui sera soumis à l'appréciation du Doyen s'il y a un collège; du Juge ou du Tribunal, dans les villes où il n'y a pas de collège.

Art. 878. — Dans les affaires civiles, lorsque l'avocat jugera impossible à soutenir la cause d'un indigent, il le fera savoir au Tribunal, qui commettra ou fera commettre un autre avocat.

Si celui-ci considère aussi la défense impossible, un autre encore sera nommé, et, si le troisième exprime la même opinion, le cas sera soumis au Ministère public, qui décidera si oui ou non la cause de l'indigent est soutenable.

Si le Ministère public estime qu'elle ne l'est pas, le rôle de l'avocat cesse ; dans le cas contraire, on commet un quatrième avocat, qui ne peut se dispenser de la défense.

Art. 879. — Les honoraires des avocats ne sont pas tarifés.

Cependant, lorsque les parties les jugeront excessifs, elles pourront les contester. La Cour ou le Tribunal entendra alors l'avocat mis en cause ; puis les pièces du procès seront soumises au collège des avocats, et, dans les villes où il n'y a pas de collège, à deux avocats ; si tous les avocats de la ville sont intéressés au litige, le dossier sera communiqué aux avocats d'un collège voisin. La taxation sera alors approuvée ou modifiée sans recours ultérieur.

Art. 880. — Les avocats se présenteront à la barre dans leur costume professionnel qui consiste en une robe et une toque noire, de la même forme que celle des juges et magistrats et sans aucun autre signe distinctif ; ils revêtent la robe chaque fois que, comme défenseurs, ils assisteront à des actes solennels et se présenteront devant le Tribunal de première instance, la Cour d'appel et la Cour suprême.

LOI DE PROCÉDURE CIVILE

1ʳᵉ SECTION.

Des plaideurs, avocats et avoués.

ART. 5. — En acceptant son mandat, l'avoué prend l'obligation .... de payer toutes les dépenses que cause l'instance, y compris les honoraires des avocats, même si ceux-ci ont été choisis par les clients.

ART. 10. — (Voir les art. 855-856 de la loi organique du 15 septembre 1870).

ART. 11. (Voir art. 858 de la loi organique du 15 septembre 1870).

Art. 12. — Les avocats peuvent réclamer le paiement de leurs honoraires à l'avoué, et à leur client, lorsque l'avoué n'a pas à intervenir ; ils présentent un état détaillé et affirment sous serment qu'ils n'ont pas été honorés.

Le juge ou le tribunal connait du litige, et on suit dans ce cas la procédure indiquée par l'article 8 [1] ; lorsque les honoraires seront jugés excessifs, ils seront révisés et réduits uniformément aux dispositions des articles 427 et suivants.

Art. 15. — Les indigents admis au bénéfice du « Pro Deo » (assistance judiciaire) jouissent des avantages suivants : .... on leur désigne d'office un avocat et un avoué, qu'ils ne sont pas obligés d'honorer.

2e SECTION.

Art. 40. — Celui qui a été reconnu

(¹) Cet article indique la procédure que doit suivre l'avoué ou ses ayant-droits pour obtenir le paiement des honoraires.

indigent peut prendre un avocat et un
avoué de son choix, si ceux-ci acceptent
cette charge ; sinon on en nomme d'office,
dans les formes déterminées par les
articles suivants.

Art. 40. — L'indigent, pour entamer
un procès ou introduire une demande
quelconque, doit présenter au tribunal,
sur papier libre, une requête détaillée des
faits qui établissent son droit, en y joignant
les documents ou l'exposé du moyen qu'il
compte employer pour avoir satisfaction.

Art. 42. — Dès que l'indigent a pré-
senté la requête en question, on lui nomme
d'office un avocat et un avoué qui se
chargent de le représenter et de le
défendre ; les documents de la cause sont
remis à l'avoué qui les transmet à l'avocat.

Art. 43. — Si l'avocat estime que les
faits énoncés en la requête sont insuffi-
sants, il peut demander dans les dix jours
que l'intéressé soit invité à la compléter
ou à en préciser certains points.

Art. 44. — Lorsque, après le dépôt de
ce nouveau mémoire, ou même sans

l'avoir reçu, l'avocat estime que la cause que vient soutenir l'indigent n'est pas plaidable, il peut se faire dispenser de la défense, après en avoir avisé le Tribunal, dans les dix jours, par un rapport succinct.

ART. 45. — Dans ce cas, le Tribunal remettra les pièces au Collège des avocats, pour que deux avocats en exercice, choisis parmi les trois avocats payant la plus forte patente, donnent leur avis sur l'affaire, et disent si elle peut être soutenue ou non.

Dans les villes où il n'y a pas de Collège, le Tribunal désigne deux des plus anciens avocats pour donner leur avis; s'il n'y a pas d'avocats suffisamment compétents, il remet les pièces, par les soins du Tribunal le plus proche, au Collège des avocats de la ville où siège ce Tribunal.

ART. 46. — Lorsque l'avis de deux avocats ainsi nommé est conforme à celui du défenseur d'office, on retire, pour cette affaire, à l'intéressé le bénéfice de la défense gratuite, sans lui refuser néanmoins le droit d'entamer l'affaire à ses risques.

ART. 47. — Lorsque l'un des deux avocats désignés est d'avis que l'action est fondée, ou tout au moins qu'elle n'est pas évidemment mal fondée, on nomme d'office un autre avocat qui est obligé de soutenir la cause.

ART. 48. — Lorsque l'avocat commis d'office veut contester la déclaration d'indigence faite par son client, il doit le déclarer dans les six jours au Tribunal, qui peut nommer un autre avocat.

Si celui-ci se récuse aussi pour le même motif, l'affaire est soumise au Ministère public, s'il n'est pas en cause bien entendu, qui donne son avis sur la question

Lorsque le ministère public est en cause on demande l'avis d'un avocat non attaché au service de l'assistance judiciaire ; cet avocat est désigné par le collège, s'il y en a un ; par le juge, à défaut de collège.

Si le ministère public ou le troisième avocat estime que l'indigence n'est pas établie, l'obligation de la défense gratuite cesse pour les avocats ; dans le cas contraire, on désigne à l'indigent un troisième avocat qui ne peut refuser de prendre sa défense.

Art. 49. — Les avocats qui, dans les cas déterminés par les articles 43, 44 et 48, n'ont pas fait connaître leur avis, sont présumés avoir accepté la défense de l'indigent, et ne peuvent s'en dispenser que s'ils ont renoncé à l'exercice du barreau.

Art. 50. — L'avocat qui a accepté de se charger d'une cause payante, doit, si, par la suite, son client s'est déclaré indigent, continuer à s'occuper de l'affaire, lorsqu'il n'y a pas au tribunal, d'avocats spécialement chargés des affaires d'office.....

. . . .

Art. 423. — ...... Les honoraires des avocats et des autres fonctionnaires qui ne sont pas soumis à un tarif, sont fixés par les intéressés qui en présentent eux-mêmes le détail au greffe, sans qu'il lui soit nécessaire d'en donner un écrit ; ou bien ils le remettent à l'avoué qui a occupé pour leur client, dès que le jugement est devenu définitif. Le greffier passe en taxe le montant tel qu'il résulte de la minute.

ART. 427. — Si les honoraires des avocats sont jugés excessifs, on entend dans les deux jours l'avocat qui fait l'objet de la plainte ; les pièces du procès sont ensuite soumises au collège des avocats, et, dans les villes où il n'y a pas de collège, à deux avocats désignés par le juge ou le tribunal ; ceux-ci donnent leur avis. S'il n'y a pas d'avocats dans la ville, ou si tous sont intéressés au procès, les pièces sont communiquées au collège d'avocats le plus proche, par l'intermédiaire du Tribunal de première instance de la ville où est installé le collège.

. . . .

ART. 428. — Le tribunal, ou, suivant les cas, le juge, en présence des parties ou des intéressés, après exposé des faits et enquête, approuve la taxation ou la modifie, suivant qu'il lui parait équitable, et cela sans recours ultérieur.

. . . .

Des peines disciplinaires

. . . .

ART. 443. — Les avocats et avoués sont punis disciplinairement dans les cas suivants :

1° Quand, dans leurs écrits ou requêtes, ils commettent une faute grave ou une infraction à la présente loi ;

2° Quand, dans l'exercice de leurs professions, ils manquent, verbalement ou par écrit, au respect dû aux Cours et Tribunaux.

3° Quand, dans la défense de leurs clients, ils attaquent leurs confrères avec violence et sans nécessité.

4° Quand, rappelés à l'ordre pour leurs paroles, par le président du Tribunal, ils refusent de lui obéir.

. . . .

ART. 446. — Les peines disciplinaires prononcées pour les causes sus-indiquées sont édictées par le Tribunal ou la Cour où se sont passés les faits qui les ont motivées.

Les autres faits pouvant donner lieu à des poursuites disciplinaires sont jugés conformément aux dispositions des lois, ordonnances et règlements.

FIN

IMPRIMERIE
EUGÈNE LEMASSON
2, CITÉ FÉNELON
PARIS

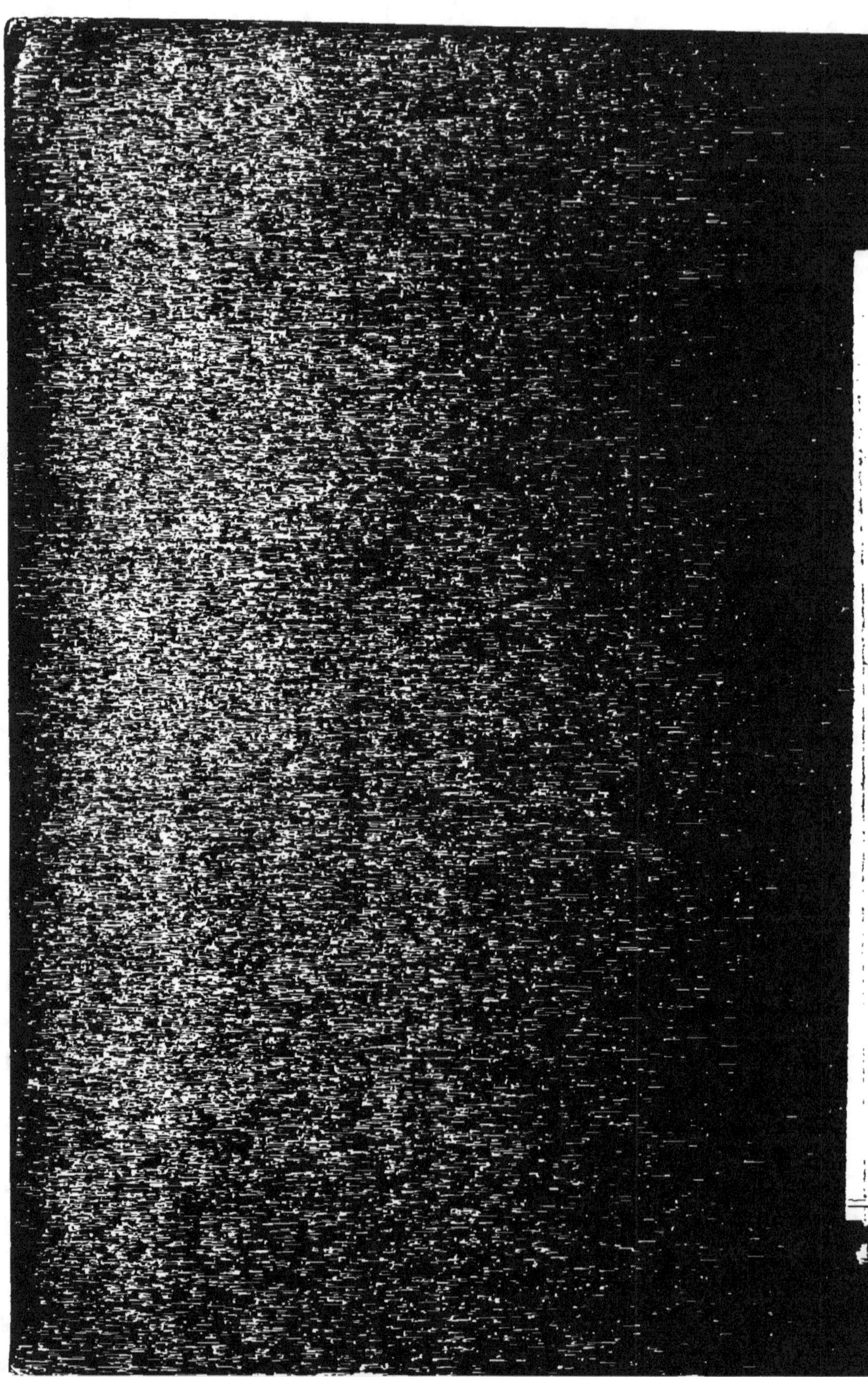

www.ingramcontent.com/pod-product-compliance
Lightning Source LLC
Chambersburg PA
CBHW061317060726
47596CB00003B/945